Karl Friederichs

Der bildliche Schmuck auf den Grabsteinen alter und neuer Zeit

Karl Friederichs

Der bildliche Schmuck auf den Grabsteinen alter und neuer Zeit

ISBN/EAN: 9783743352179

Hergestellt in Europa, USA, Kanada, Australien, Japan

Cover: Foto ©ninafisch / pixelio.de

Manufactured and distributed by brebook publishing software (www.brebook.com)

Karl Friederichs

Der bildliche Schmuck auf den Grabsteinen alter und neuer Zeit

bildliche Schmuck auf den Gr[äbern]

alter und neuer Zeit.

Ein Vortrag,

[wi]ssenschaftlichen Verein in der S[tadt]

Berlin

am 17. März 1866

von

Dr. C. Friederichs,

Professor an der Universität zu Berlin.

Hamburg.

[Ag]entur des Rauhen Hauses.

Meinem Schwiegervater

Herrn Dr. Wichern

in

herzlicher Liebe und Verehrung

gewidmet.

Die Grabsteine der alten Griechen, die sich namentlich in Athen, aber auch in den Sammlungen Englands und Deutschlands in reicher und schöner Auswahl vorfinden, sind zum größten Theil erst in diesem Jahrhundert bekannt geworden. Früher existirten wohl in den Museen zerstreut einzelne Beispiele, in Verona auch eine größere Anzahl, die Goethe, als er nach Italien reiste, mit dem lebhaftesten Interesse betrachtete und richtiger auffaßte als mancher Gelehrte vor und nach ihm, indeß reichte doch das Material nicht hin, weder um die künstlerische Bedeutung und Eigenthümlichkeit dieser Denkmäler noch auch um die Gedanken zu verstehen, die in den Darstellungen derselben zum Ausdruck gekommen sind. Erst in der zweiten Hälfte des vorigen Jahrhunderts begannen die eingehenderen Untersuchungen auf Griechenlands Boden, das bis dahin ein fast unbekanntes Land war, und ist es auch nur ein Bruchtheil von der einstigen Fülle griechischer Kunst, den uns die Ausgrabungen geliefert, so sind wir doch reich im Vergleich zu der früheren Zeit und geben die Hoffnung nicht auf, in Zukunft noch reicher zu werden. In der Umgegend Athens, wo man die alten Gräber am fleißigsten untersucht hat, sind besonders viele und schöne Grabsteine gefunden. Die Todten wurden dort nicht an bestimmten abgegränzten Plätzen begraben, sondern lagen zerstreut um die Stadt herum, meist auf solchem Terrain, das zur Nutzbarmachung nicht recht geeignet war, an steinigen Abhängen von Hügeln, an den Ufern von Bächen, am Rande der Heerstraßen und längs der Außenseite der Stadtmauern. Man hat einmal die Meinung ausgesprochen, daß erst durch das Christenthum die Vereinigung der Todten auf einem abgegränzten Raum eingeführt sei, und wenn auch diese Meinung so allgemein gefaßt, nicht richtig ist, so dürfen wir doch dies behaupten, daß die gemeinsame Bestattung wenigstens nicht Sitte des classischen Alterthums war und daß unsre Sitte auf eignen, ursprünglich christlichen Gedanken beruht, die sich am schönsten da aussprechen, wo, wie noch jetzt vielfach auf dem Lande, die Gemeinde der Todten um die Kirche herum gelagert ist.

Ein schlichter Erdhügel ist das älteste Grabdenkmal der Griechen und vieler stammverwandter und nicht stammverwandter Völker, er ist vielleicht so alt, so lange man überhaupt Menschen begräbt, denn es giebt kein einfacheres und natürlicheres Mittel, dem Bedürfniß des Gemüths zu genügen, welches die Stelle festhalten will, wo der geliebte Todte ruht. Ein Stein, den man auf dem Hügel aufrichtete, fixirte den Ort noch mehr. Und nun ist der nächste Schritt der Ausschmückung des Grabes dieser, Symbole hinzuzufügen, die etwas für den Verstorbenen Characteristisches andeuten. In den homerischen Gedichten ist der Hügel mit dem Stein die gewöhnliche Art der Bestattung, an einer Stelle aber bittet der Schatten eines Seefahrers seinen Herrn, den Odysseus, er möge ihm ein Grab aufschütten am Gestade des grauen Meeres und darauf das Ruder stecken, mit dem er im Leben gerudert habe unter seinen Gefährten. Diese Sitte, mit bloß andeutenden Symbolen die Gräber auszustatten, hat sich von den ältesten Zeiten durch das ganze Alterthum hindurch erhalten. Auf den Grabsteinen von Frauen findet man z. B. außer der Inschrift ein Arbeitskörbchen dargestellt oder eine Spindel oder Kamm und Spiegel oder einen Schlüssel, um die Hausfrau, die den Schlüssel führt, zu characterisiren. Ein besonders schönes Symbol ist der Löwe auf den Gräbern gefallener Helden. Des Leonidas Grab zierte ein Löwe, der Löwe von Chäronea steht noch jetzt, wenn auch in Trümmern, auf seiner alten Stelle, viele andere, zum Theil von höchster Schönheit, sind uns erhalten. Eigenthümlich ist ferner die aus Athen berichtete Sitte, auf das Grabmal eines Unverheiratheten das Bild eines Knaben oder Mädchen mit einem Wasserkrug zu stellen. Wasser holen war nach griechischer Sitte ein für den Unverheiratheten characteristisches Amt. Das Weihwasser für den Tempel, das Wasser für das Hochzeitsbad mußte von Knaben und Mädchen geholt werden und auch für das tägliche Bedürfniß sehen wir in alter Zeit selbst die Königstochter zur Quelle gehen, ein Gebrauch, welcher der dichtenden Phantasie des Volkes zu den lieblichsten Erzählungen Veranlassung gegeben hat.

Neben diesen nach der Individualität des Verstorbenen verschiedenen Zeichen, finden sich aber auch solche, die für alle Todesfälle passen, namentlich das alte Symbol der Urne. Sie diente ursprünglich als Aschenbehälter, aber schon im Alterthum finden wir sie ähnlich wie auf unsern heutigen Kirchhöfen als ein bloßes Zeichen ohne praktischen Zweck. Dies beweisen die zahlreichen massiven Marmorvasen, die uns namentlich aus der Umgegend Athens erhalten sind, auch Vasen nur in flachem Relief angegeben, kommen vor. Ueber letzteren oder auch ohne sie finden wir oft das Bild einer Sirene, die als eine Sängerin von Trauerliedern, als ein Symbol der Klage um den Todten aufzufassen ist.

Als nun die bildende Kunst sich zu entwickeln und alle Lebensverhältnisse zu durchdringen begann, da traten diesen einfachen Symbolen ausgeführtere Darstellungen an die Seite. Die erhaltenen Denkmäler führen bis zum Jahre 500, einige Nachrichten noch etwas weiter zurück. Man stellte nun auf dem Grabstein den Todten selbst dar und zwar gewöhnlich in irgend einer characteristischen Handlung begriffen. Ruhig stehende, bloß figurirende Gestalten finden sich besonders in der ältesten und spätesten Kunst, die eine ist noch nicht, die andere nicht mehr im Stande, lebensvolle Darstellungen zu schaffen, in der Blüthe der Kunst aber entfaltet die Figur durch eine characteristische Handlung ihr inneres Wesen und gewinnt dadurch an Interesse und an Wärme für das Gemüth. Auf den Grabsteinen von Kriegern erblicken wir den Verstorbenen in irgend einer Heldenthat seines Lebens verewigt, wie er hoch zu Roß einem unterliegenden Feind den Todesstoß versetzt. Frauen sieht man fleißig spinnend dargestellt, Jünglinge in einer Rolle lesend oder wenn sie mehr den körperlichen als geistigen Uebungen zugethan waren, sich mit Oel einreibend oder reinigend vom Staub der Palästra. Das Mädchen hat ihre Puppe oder herzt ihr Täubchen, der Knabe spielt mit seinem Hündchen oder hält traurig den Vogel in der Hand, der sein Spielzeug im Leben war. So treten uns überall für Alter und Geschlecht characteristische Situationen entgegen, mit der zartesten und innigsten Poesie erfunden, erst die späteren Werke sind kühler und prosaischer, indem sie z. B. den Handwerker in seiner Werkstatt oder den Arzt die Constitution eines Kranken untersuchend darstellen.

Und wo eine Figur ohne eine derartige Handlung erscheint, da wird doch mindestens durch eine ausdrucksvolle Geberde der Trauer der Eindruck des steifen und kalten Figurirens aufgehoben. In einzelnen Fällen ist auf die besonderen Umstände des Todesfalles Rücksicht genommen, Schiffbrüchige sehen wir trauernd auf einem Felsen sitzend, als habe die Woge sie an die Klippe geworfen.

Ebenso alt und häufig ist eine andere Classe von Grabsteinen, auf denen die Verstorbenen im Kreise der Ihrigen dargestellt sind, die Familienbilder, deren Tendenz nicht sowohl die Verewigung des Todten in seiner characteristischen Erscheinung ist, als vielmehr die, Zeugniß abzulegen von der Liebe, die dem Verstorbenen von den Seinen zu Theil ward, die sich dadurch ausspricht, daß man ihm die Hand reicht oder leise in wehmüthiger Empfindung die Hand an die Wange legt. Verwandt ist dieser Classe eine dritte sehr oft, aber selten in einem guten Exemplar erhaltene Gattung, wo den Verstorbenen Weinspenden und Opfergaben von den Ueberlebenden, die ihnen andächtig wie einer Gottheit nahen, dargebracht werden. Sie stellen den Tribut frommer Verehrung dar, den man den Abgeschiedenen zollte. Besonders in der ersterwähnten Classe, in den Familienbildern, wird man eine Fülle tiefen und innigen Lebens finden. Eine Frau, auf einem Stuhle sitzend, ist sehr oft der Mittelpunkt solcher Darstellungen, um sie gruppiren sich dann der Mann, mit gesenktem Haupt ihr die Hand reichend, auch ein Knabe reckt sein Händchen nach der Mutter aus, eine Wärterin mit einem Säugling und andere Mitglieder der Familie sind zugegen und eine stille, stumme Wehmuth liegt über dem Ganzen.

Man sollte erwarten, daß die Verstorbenen auf den Grabsteinen portraitähnlich dargestellt wären, es erscheint als ein natürlicher Wunsch der Ueberlebenden, die geliebten Züge des Todten möglichst treu und lebendig aufzubewahren. Und doch ist dies wenigstens in der Blüthe der griechischen Kunst nicht der Fall. Selbst die Tracht des Lebens wird manchmal verändert. Es giebt Grabdenkmäler, die den Verstorbenen als einen Gott oder Heros darstellen, ganz abweichend von der Erscheinung des wirklichen Lebens. Dies erklärt sich wohl aus einer, die ganze griechische Kunst durchdringenden Neigung, alles Historische, Individuelle in eine poetische, ideale Allgemeinheit zu übertragen. Die Statuen der Sieger in den Wettkämpfen waren in ihrer großen Mehrzahl nicht portraitähnlich und historische Darstellungen, z. B. die Kämpfe mit den Persern, erscheinen so verallgemeinert, daß sie ganz den mythologischen Darstellungen ähnlich werden. So sehen wir auch auf den griechischen Grabsteinen nicht einzelne bestimmte Personen, sondern das Mädchenalter, das Knaben-, Jünglings- und Mannesalter in characteristischen und poetischen Situationen durch einen Repräsentanten dargestellt.

Bemerkenswerth ist, das die Bilder der Grabsteine über das Jenseits, ja sogar über die religiösen Beziehungen des Verstorbenen mit seltensten Ausnahmen keine Andeutung enthalten. Es könnte zufällig erscheinen, da wir ja nur ein Bruchtheil des einst Vorhandenen besitzen, indessen ist dazu doch wohl die Masse des Erhaltenen zu bedeutend und andere Gründe sprechen dafür, das, was wir besitzen, doch im Allgemeinen als maaßgebend für das Ganze anzusehen. Der Glaube an ein seliges Leben nach dem Tode war nicht lebendig im Volk. Ich sage im Volke, denn das ist freilich bekannt, daß viele Einzelne den zuversichtlichsten Unsterblichkeitsglauben hegten und nicht bloß Dichter und Philosophen, sondern auch die große Menge derer, die in die Mysterien eingeweiht waren, erhielt eben hier tröstliche Hoffnungen für ein zukünftiges Leben. Aber das Volk als Gesammtheit hatte diesen Glauben nicht und ich will nur einen Grund dafür anführen, nemlich die Einwirkung Homers. Die homerischen Gedichte waren Schulbuch, ungefähr wie bei uns die Bibel und wie es scheint, prägten sich die religiösen Anschauungen, welche diese Gedichte enthalten, ohne alle Gegenwirkung den Gemüthern der Jugend ein. Homer aber schildert das Leben nach dem Tode als ein Scheinleben im dunklen Hades, seine Poesie ist so ganz der Schönheit der sinnlichen Welt zugekehrt, daß sie sich das Kommende nur trüb und dunkel ausmalen kann. Bei solchen Anschauungen ist es nicht mehr auffallend, daß die Grabsteine vom Jenseits schweigen, sie stehen im Einklang mit dem Glauben der Nation, wobei wir natürlich die Wahrscheinlichkeit zugeben, daß in mehreren Fällen solche Darstellungen vorgekommen sind. Ein Grabstein, etwa dem Sokrates und im Sinne des Sokrates gesetzt, würde nicht ein Bild der Trauer, sondern der Hoffnung sein, aber für die erhaltenen Grabsteine ist es characteristisch, daß ihre Grundstimmung Trauer und nicht Hoffnung ist, nicht bloß die Ueberlebenden, sondern auch der Verstorbene wird trauernd vorgestellt, er denkt nur zurück und nicht vorwärts. Und gerade die edelsten Grabsteine haben diesen Zug der Trauer, an dem man sie gleich erkennen kann, der sich wunderbar hineinmischt selbst in die Darstellungen des unschuldigen Kindesalters, des Mädchens mit ihrem Täubchen, des Knaben mit seinem Vogel. Sie erscheinen dadurch so zart und innig, es ist, als habe der Künstler seine Empfindung und seine Theilnahme hinzugethan, als habe er dadurch andeuten wollen, daß diese lieblichen Bilder nicht mehr wirklich, sondern entschwunden sind.

Aber die Trauer ist immer wunderbar gemäßigt, ist mehr Wehmuth als Schmerz. Auf etruskischen, auch auf römischen Grabdarstellungen finden wir nicht selten excentrische Aeußerungen der Klage: Frauen die Hände ringend, die Brust schlagend, die Haare ausraufend. Nichts von alledem auf den griechischen Grabsteinen. Dies erscheint auffallend besonders bei einem südlichen Volke. Was Goethe einmal bei der Besprechung des Abendmahls von Leonardo da Vinci über die italienische Kunst äußert, daß dies Bild mit seiner lebendigen Geberdensprache nur von einem Italiener habe gemalt werden können, dessen Naturell eine lebendigere Gestikulation bedinge, das gilt auch für die griechische Kunst. Warum nun diese Mäßigung und Milde im Schmerz auf den Grabsteinen? War es etwa eines edlen Mannes unwürdig, sich dem natürlichen Affekt hinzugeben? Wenn wir darüber bei einem Manne wie Plato uns Raths erholen, allerdings, aber Volksanschauung — und eine solche brauchen wir zur Erklärung — war es nicht. Schon Lessing hat hierüber einige treffende Bemerkungen im Laokoon ausgesprochen. Die Thräne schändet den griechischen Helden nicht, selbst der kraftstolzeste Mann vor Troja, Ajax, schämt sich nicht zu weinen, es ist grade ein characteristischer Zug der griechischen Helden, daß sie in der Gefahr und Noth sich der natürlichen Empfindung unbefangener hingeben, als die trotzigen, thränenlosen Helden des Nordens. Wie klagt Achill um seinen gefallenen Freund und wenn wir in die Tragödie blicken, wie jammert Philoctet in körperlicher Noth, wie klagt Electra um den todtgeglaubten Bruder! Es ist kein ethischer Grund, sondern ein künstlerischer, der die Mäßigung der Empfindung auf den Grabsteinen erklärt. Die Poesie kann sich freier ergehen in der Darstellung der Empfindung, kann die Klage in ähnlicher Heftigkeit wiedergeben, wie die Natur es verlangt, nicht die Plastik. Ihr ist eine gewisse Zurückhaltung im Ausdruck der Empfindung angemessener, ich darf mich wegen der Begründung auf Lessings Laokoon beziehen. Ob sie dadurch aber wirklich kälter ist, wie sie gewiß kälter scheint, ist mir zweifelhaft, nicht immer sind laute Thränen wirksamer als leise, stumme Geberden.

Ich hoffe auf die Zustimmung der hochansehnlichen Versammlung, wenn ich auf das formelle Detail nicht näher eingehe, da wir die Werke selbst nicht vor uns haben, die, wie ich mir zu bemerken erlaube, in den Königl. Museen zum Theil in Marmor, zum Theil in Gyps, in reicherer und schönerer Auswahl vorhanden sind, als irgendwo anders, nur die Bemerkung möchte ich noch hinzufügen, daß die große Menge der Grabsteine Handwerksarbeit ist. Das allgemeine Bedürfniß konnte nur auf diesem Wege befriedigt werden. Daher erklärt sich die oft mangelhafte und im Einzelnen nicht fehlerfreie Ausführung, auch wiederholt sich vielfach dieselbe Gruppe, es fehlt die originelle Erfindung, die den Künstler vom Handwerker unterscheidet. Die Gruppe von Mann und Frau oder von zwei Männern, die sich die Hand reichen, kehrt unzählige Male wieder, solche Steine, die für viele Todesfälle paßten, hielt man feil in den Läden, etwa wie bei uns die Grabkreuze. Doch weiß ich nicht, ob zwei ganz genau in allem Einzelnen übereinstimmende Grabsteine vorkommen, jedenfalls ist es selten, und es bestätigt sich dadurch wieder eine auch in anderen Zweigen des antiken Handwerks gemachte Erfahrung, daß nemlich der einzelne Arbeiter immer etwas wenn auch Geringes von eigner Erfindung zu seinem Werke hinzuthat. Die mechanische Wiederholung ist dem antiken Handwerk fremd, der einzelne Arbeiter war mehr als eine bloße Maschine.

Das Eigenthümliche der griechischen Grabsteine wird sich noch deutlicher herausstellen, wenn wir kurz die Sitte anderer Völker nach ihren wesentlichsten Zügen vergleichen. An Alter folgen den Griechen zunächst die Vorfahren der kunstfertigen Florentiner, die Etrusker, deren Kunst zwar abhängig ist von der griechischen, aber doch in der ältesten Zeit in Stoffen und Darstellungsweise etwas ausgeprägt Nationales hat. Sie schmückten ihre Grabsteine und Sarkophage in ältester Zeit mit den heimischen Gebräuchen der Bestattung, die Klage um den Todten ist ein besonders beliebter Gegenstand, die wild und excentrisch in eckigen Geberden dargestellt wird. Wir finden hier den graden Gegensatz zu den griechischen Grabsteinen, Scenen der Wirklichkeit ohne alle poetische Verklärung, ohne Adel und Anmuth, selbst in harter, unschöner Erscheinung.

Die Römer verschmähten lange Zeit den Schmuck des Grabsteins, der strenge Römersinn der alten Zeit war überhaupt zu sehr den ernsten Aufgaben des praktischen Lebens zugewandt, als daß er an dem heiteren Spiel der Kunst hätte Gefallen finden können. Noch in Cicero's Zeit schien es einem würdigen Manne nicht wohl anzustehen, sich eingehender mit Angelegenheiten der Kunst zu beschäftigen, und mag man das als Schwäche oder Einseitigkeit betrachten, man wird doch gestehen müssen, daß die ernste Größe des römischen Volks mit einer begeisterten Hingabe an die poetische, ideale Welt der Kunst nicht vereinbar gewesen wäre. Auch bei den Griechen fällt die Zeit der höchsten Thatkraft nicht zusammen mit der Kunst=

blüthe und der mannhafteste Staat Griechenlands, Sparta, war zugleich der kunstfeindlichste. Als nun aber Rom der griechischen Bildung erlag, da bedeckten sich auch die römischen Grabsteine mit Bildern, zwar nicht mehr von jener lieblich poetischen und gemüthvollen Art, wie in der schönsten Zeit der Griechen, sondern prosaischer, nüchterner, verständiger, kälter, wie eben auch die späteren griechischen, die ihnen zum Vorbild dienten. Es ist vor Allem der Gedanke, Thätigkeit und Stand des Verstorbenen darzustellen, den Krieger auf seinem Roß oder im Ordensschmuck figurirend, den Handwerker in seiner Werkstatt. Ein der letzteren Klasse angehöriges Denkmal ist zu merkwürdig, als daß ich es nicht kurz beschreiben sollte. Vor den Thoren Roms steht noch jetzt ein bedeutendes Grabmal eines Bäckers oder vielmehr Brodlieferanten Eurysaces. Der Unterbau desselben ist durch viereckige Pfeiler und cylinderartige Körper gegliedert, letztere bestehen aber aus drei über einander gestellten, wie große Mörser gestalteten Gefäßen, ganz von der Art wie diejenigen, in welchen man den Brodteig im Alterthum zubereitete. Ueber diesem Unterbau erhebt sich der Haupttheil des Gebäudes, von Wandpfeilern an den vier Ecken eingefaßt und zwischen diesen bemerkt man drei Reihen horizontal gelegter, also ihr Inneres präsentirender Mehlkörbe. An der Hauptseite werden diese Reihen unterbrochen von den Relieffiguren des Bäckers und seiner Frau, hinter welchen sich ein Brodkorb mit Asche und Knochen fand. Auf diesen Korb bezieht sich die Inschrift unter den Bildern, welche angiebt, daß die Frau des Bäckers in dem Brodkorb begraben liege. Der Haupttheil des Gebäudes wird durch einen umlaufenden Fries abgeschlossen, auf welchem die Fabrikation und der Verkauf des Brodes in seinem ganzen Verlauf auf das Anschaulichste dargestellt ist. Das Dach endlich ist unten mit einem Saum eingefaßt, an dem sich als rosettenartige Verzierung kleine Bröde befinden und die Spitze des Ganzen krönt wieder ein Brodkorb, so daß in der That an Zeichen des Gewerbes kein Mangel ist. Dies Grabmal, das kurz vor dem Beginn unserer Zeitrechnung errichtet ist, mochte wohl auch den Zeitgenossen barock erscheinen, es ist indessen nur das Extrem einer weitverbreiteten Sitte, die uns freilich etwas äußerlich und oberflächlich erscheinen muß, denn wir sehen eben nur die äußeren Vorgänge und Handgriffe des Gewerbes, ohne Verknüpfung mit tieferen Gedanken, die nicht grade fern lägen, etwa wie auf einem Grabstein eines Nürnberger Kirchhofs ein Mann mit einem Spaten dargestellt ist mit der Ueberschrift: „Feierabend".

Daneben aber findet man auch edlere Darstellungen von den Griechen entlehnt, z. B. Gatte und Gattin mit ineinandergelegten Händen zum Zeichen ihrer innigen Vereinigung, nur begnügt man sich jetzt schon häufig mit der abgekürzten Form der Büste, während es bei den Griechen Regel ist, die ganze Gestalt darzustellen.

Einer höheren Schicht der Gesellschaft als die einfachen Grabsteine, gehören die zahlreichen Marmorsarkophage an, die uns aus der römischen Kaiserzeit erhalten sind. Auch hier finden wir zum Theil Bilder des täglichen Lebens, um Character und Neigung des Verstorbenen anzudeuten, und darunter einige, die sich nur durch die mehr historische, realistische Darstellungsweise von den poetischen Schöpfungen der Griechen unterscheiden. Die glänzenden Thaten eines Kriegers, oder die Parade der flehenden Gefangenen vor dem Sieger, oder die Scene des Verlöbnisses von Mann und Frau von der Ehegöttin vollzogen, das sind solche Scenen, die wohl mit Einmischung einzelner mythologischer Figuren, aber im Ganzen doch treu und characteristisch der Wirklichkeit entsprechend, wiedergegeben sind. Ganz anders die zweite ungleich zahlreicher vertretene Classe der Sarkophagdarstellungen, die sich in rein poetischer Sphäre bewegen. Aber diese Poesie ist kein Gewächs des römischen Bodens, ist griechisch nach Inhalt und Form, es sind die griechischen Mythen, die dazu dienen müssen, entweder die Neigungen des Verstorbenen anzudeuten, wie z. B. die oft auf Sarkophagen dargestellten Musen das geistige Streben des Todten characterisiren sollen, oder den individuellen Todesfall durch ein analoges Bild der Poesie gleichsam zu verklären. Wo es z. B. galt, die Särge frühgestorbener Jünglinge und Jungfrauen zu verzieren, da wählte man den Tod der Niobiden, die ja auch in der Blüthe der Jugend plötzlich hingerafft wurden, oder den Mythus von Meleager, Adonis, Hippolyt oder den Raub der Proserpina durch den Unterweltsgott. Die Trennung neuvermählter Gatten durch den Tod schildert die Geschichte des Protesilaus und der Lao=

damia, und einen ähnlichen Sinn hat Andromache's Klage um Hector, den Tod einer liebenden Frau und Mutter der Mythus der Alcestis. Es wird ferner die Unterwelt geschildert mit ihren Büßern, und besonders gern stellt man den Tod als lieblichen Schlummer dar. Der Genius mit der gesenkten Fackel ist die Personifikation des sanften Todesschlafs, und dieselbe Bedeutung hat der schöne Schläfer Endymion.

Aber es giebt auch ein Erwachen aus diesem Schlummer, wir sehen die schlafende Ariadne von Theseus verlassen, aber erwachend in den Armen eines Gottes, der bacchische Lusttaumel wird ein poetisches Bild für ein seliges Erwachen, für ein neues Freudenleben, das freilich sinnlich genug dargestellt wird. Besonders tiefsinnig aber sind die Ideen, die in den Darstellungen der Proserpina- und Prometheussage ausgedrückt sind und auf Tod und Wiederaufleben, auf die Trennung und Vereinigung von Seele und Leib sich beziehn.

Dies ist nur eine Auswahl, aber vielleicht genügend zum Verständniß des leitenden Gedankens. Die Beziehung aber, in der diese Bilder zum Verstorbenen stehen, wird dadurch angedeutet, daß die

Hauptpersonen des Mythus, also z. B. Ariadne oft mit einem Portraitkopf dargestellt sind, was zwar einen künstlerischen, von den Griechen in der Regel vermiedenen Widerspruch enthält, da die ganze Gestalt ein ideales Gepräge hat, aber doch zum leichteren Verständniß des Sinnes mitwirkt. Es soll nemlich das Loos der mythischen Ariadne, ihr glückliches Wiedererwachen, übertragen werden auf die historische, am Sarkophag portraitirte Figur.

Wir können nicht läugnen, daß sich in diesen Darstellungen ein höherer Gedanke ausspricht als auf den griechischen Grabsteinen, die sich nur mit dem Dießseits beschäftigen, es sind doch tiefere Bedürfnisse damit angedeutet, wenn man sich den Tod im Gegensatz zu den Etruskern, deren gleichzeitige und im Uebrigen auch ähnlich verzierte Aschenkisten ihn als wilden und schrecklichen Dämon darstellen, in sanfterer und friedlicherer Weise denkt, wenn man ferner Proserpina wiederkehren und Ariadne wieder erwachen läßt in den Armen eines Gottes; mag auch die Freude des Wiedererwachens sinnlich genug gefärbt und das Wiederaufleben nur in der Weise des Naturlebens gedacht sein. Es ist gewiß nicht zufällig, daß

wir grabe am Ende des Heidenthums solchen bild=
lichen Versuchen mit dem Tode sich auseinanderzusetzen,
begegnen. Diese Sarkophage gehören nemlich bereits
der christlichen Zeit an, sie sind gleichzeitig mit den
ältesten christlichen Grabsteinen, deren Symbole in
einfacher, schlichter Weise die Fragen beantworten,
mit deren Lösung sich dort die suchende Phantasie ver=
geblich beschäftigte.

Die altchristliche Kunst, die vom Schmuck des
Grabes ihren Anfang nahm, ist zwar in den Formen
vom Heidenthum abhängig, in ihrer Gedankenwelt
aber bezeichnet sie einen neuen Anfang. Das Grab=
mal wird aus einem Denkmal des äußern Lebens zu
einem Zeugniß des innern Lebens, es nimmt einen
wesentlich religiösen Character an. Nicht mehr rück=
wärts schaut der Blick, sondern vorwärts, nicht mehr
Trauer und Klage, sondern Gedanken der Hoffnung
und des Friedens, nicht mehr stumme Resignation,
die sich ins Unvermeidliche fügt, sondern lebendige
Zuversicht der Todesüberwindung. Es sind zunächst
einfache, meist aus Bibelstellen genommene Symbole,
mit denen die ältesten Christen ihre Grabsteine schmück=
ten, der Namenszug Christi, der Palmzweig, die

Taube mit dem Oelzweig, das Lamm, der gute Hirte, der Fisch, der Anker. Auf der langen Fläche der Sarkophage aber entfalten sich ausgeführtere Darstellungen aus dem alten und neuen Testament, von denen die ersteren besonders dazu dienen, die Hauptthatsachen des neuen Glaubens, nemlich den Opfertod, die Auferstehung und Himmelfahrt Christi, die man direct darzustellen vermied, vorbildlich durch das Opfer Isaaks, durch die Verschlingung und Ausspeiung des Jonas und durch die Himmelfahrt Eliä anzudeuten. Auch der Verstorbene wird dargestellt mit betend erhobenen Händen, und dies ist eine durch das ganze Mittelalter hindurch gewöhnliche Darstellung. Allerdings finden sich in altchristlicher Zeit und im Mittelalter auch manche Beispiele für den antiken Gedanken, das profane Leben des Verstorbenen in characteristischen Situationen zu schildern, wir sehen auf altchristlichen Grabmälern die Handwerksthätigkeit vorgestellt, und noch ein Grabrelief auf dem Johanniskirchhof in Nürnberg giebt eine anschauliche Darstellung einer Buchdruckerei. Aus demselben Gedanken sind auch die in Italien nicht seltenen Professorengräber hervorgegangen, wo der Verstorbene auf dem

Katheder von Zuhörern umgeben vorgeführt ist. Aber auch solche Darstellungen sind doch oft verbunden mit Zusätzen religiöser Natur; im Allgemeinen wird man behaupten dürfen, daß der Grundgedanke der mittelalterlichen Grabmäler, wenn sie nemlich mehr geben als eine bloß figurirende Gestalt, die Beziehung des Verstorbenen zum Jenseits ist.

Ich muß mir ein näheres Eingehen versagen, nur das möchte ich noch bemerken, daß die gewöhnlich etwas starr ausgestreckte Haltung des Verstorbenen leicht abstößt und ungerecht macht gegen die Fülle des innigsten Gemüthslebens in den Geberden dieser Gestalten, oder in denen der Engel, die so oft an der Bahre des Verstorbenen knien und für und mit ihm beten.

Diese Weise, das Grabmal zu verzieren, geht in die neue Zeit hinüber, doch treten daneben andere Richtungen auf, zum Theil veranlaßt durch die neuerstandene antike Literatur und Kunst, zum Theil auch aus dem veränderten inneren Leben der Zeit hervorgehend. Schon im Mittelalter finden wir eine Classe von Darstellungen, die den Grabsteinen des Alterthums fast ganz fremd ist, nemlich die Allegorie, z. B. die Personificationen der Tugenden, Wissenschaften und

Künste werden häufig als Repräsentanten der Eigenschaften des Verstorbenen an den Grabmälern dargestellt. Aber die allegorischen Gestalten sind zum Theil von christlichem Ursprung und Gepräge, zum Theil aber werden sie mit christlichen Ideen in Verbindung gesetzt, wofür wohl das Sebaldusgrab in Nürnberg als bezeichnendes Beispiel angeführt werden darf. Hier hat unser sinniger Meister Peter Vischer unten an den Ecken Heldengestalten des Juden- und Heidenthums angebracht, und zwischen ihnen Personificationen von Tugenden, der Gerechtigkeit, Mäßigkeit, Stärke, Klugheit, über ihnen aber stehen die Gestalten der Apostel und Propheten, und auf der Spitze des Baues das Christuskind, so daß das Ganze den in der mittelalterlichen Kunst nicht seltenen Gedanken ausdrückt, daß alle natürliche Kraft und Tugend in Christo gipfelt.

Seit dem 16. Jahrhundert aber entäußerte sich die Allegorie vielfach ihres christlichen Characters, und wurde unter den Händen innerlich leerer, aber Effect suchender Künstler zum Theil unverständlich, zum Theil unschön, ja grauenhaft; es ist die Zeit, die besonders Gefallen fand an dem Sensen- und Knochenmann.

Auch auf römischen Grabmälern finden wir einige Male Skelette, nicht als Bilder des Todesgottes, sondern der Verstorbenen, deren Seele unter der Gestalt eines Schmetterlings entweicht, aber diese heidnischen Vorstellungen, so abstoßend sie auch sind, berühren doch noch weniger widerwärtig als jene Verirrungen der modernen Kunst, die das Häßliche nur zu sinnlichen, nicht zu ethischen Wirkungen benutzte, wie es in andern Zeiten der Kunst geschah. Daneben aber treten directe Entlehnungen aus der heidnischen Mythologie auf. Eins der ältesten Beispiele dieser Art ist zugleich das extremste, das Grabmal eines italienischen Arztes, dessen acht Broncereliefs zunächst den Verstorbenen im Leben schildern, wie er thätig ist unter Beistand des Apollo und der Minerva, dann sein Krankenbett, das die Parzen umstehn, dann seine Unterweltsfahrt, wie ihn Charon in seinen Nachen aufnimmt, wie er eintritt in die Inseln der Seligen und aus dem Lethe Vergessenheit trinkt, und endlich die Fama, die seinen Ruf über die Welt trägt — und zu dem Allen auch in der Darstellungsweise eine Anlehnung an das Alterthum, der Verstorbene ist nemlich in antiker Nacktheit dargestellt. Aus dieser Rich-

tung der Kunst stammt der ganze heidnische Apparat, den wir noch auf unsern jetzigen Kirchhöfen fort=
schleppen, ja zum Theil erneuern. Ich meine die Mohnköpfe, das Symbol des tiefen Schlafes, die Schmetterlinge, die nur dem heidnischen Unsterblich=
keitsglauben entsprechen, den Genius mit der gesenkten Fackel, mit dem man sogar das Kreuz schmückt, und die Urnen, die zudem oft wie geputzte Blumenvasen aussehen, und wohl auch die schon sprachlich etwas anstößige Inschrift: „Sanft ruhe seine Asche" ver=
anlaßt haben, welche durch die altchristliche Grabschrift: „Er ruhe in Frieden" ersetzt werden könnte. Und noch anderer ähnlicher Schmuck des Grabes möchte entbehrlich sein, z. B. die abgebrochenen Säulen und gewisse unverständliche Allegorien. Die Allegorie ist überhaupt eine bedenkliche Form und in der Blüthe=
zeit der Kunst wenig üblich, am Grabe scheint sie mir doppelt bedenklich, aus der Kälte abstracter Ideen kann Niemand Trost oder Erhebung für das Gemüth schöpfen, und am allerwenigsten, wenn er sich erst noch durch ein Verstandesräthsel hindurcharbeiten muß.

Unleugbar hat der neueste Aufschwung der Kunst, dessen Vertreter zum Theil noch am Leben sind, auch auf die Grabmäler in vieler Beziehung reformirend gewirkt. Der religiöse Character des Grabmals ist meistens festgehalten und in manchen Monumenten mit künstlerischer Schönheit und innigem Gefühl ausgeprägt. Aber es sind doch immer nur einzelne hervorragende Denkmäler, die sich reiche und vornehme Leute setzen lassen, die Grabsteine der mittleren und unteren Classen sind im Wesentlichen schmucklos. Darin liegt ein großer Unterschied zwischen der alten und neuen Welt, daß die Kunst der Alten viel tiefer hinabreichte ins Volk, ein Unterschied, der mir weder nothwendig noch wünschenswerth scheint. Das schlichte Kreuz ist für die Mittelclasse der heutigen Gesellschaft das gewöhnliche Symbol. Ich finde es nun zwar sehr schön, wenn in der Mitte des Kirchhofs, wie es an einigen Orten der Fall ist, ein großes, das Ganze beherrschendes Kreuz errichtet wird, als ein hervorragendes Zeichen, unter welchem alle Todten ruhen; aber es scheint mir nicht nothwendig, daß sich dies Zeichen auf so vielen Einzelgräbern wiederholt. Können wir nicht denselben Gedanken, den das Kreuz ausdrückt, auch auf andere, mehr künstlerische Weise ausdrüden, können wir nicht von den alten Christen lernen, daß aus einem Geist und Gedanken eine große Mannigfaltigkeit des Ausdrucks hervorgehen kann? Allerdings giebt es auch einige andere Symbole, zum Theil sinnig und innig, wie man hier oft ein betendes Kind, namentlich auf Kindergräbern bemerkt, auch am Stamm des Kreuzes ist manchmal eine passende bildliche Verzierung, z. B. ein Auferstehungsengel, angebracht, allein wenn man auf das Ganze sieht, so herrscht eine große Armuth an Kunst auf unsern Gräbern.

Auf den Straßen und Plätzen dieser Stadt stehen herrliche Monumente, auch die Privatbauten bekleiden sich mit künstlerischem Schmuck, wäre es nicht schön, wenn auch auf den Gräbern eine einfache, bescheidene Kunst erblühte? Es würden der Kunst und dem Leben neue Aufgaben zugeführt, die vielleicht für beide von tieferer Bedeutung wären, als der reichste Schmuck an den Häusern der Lebenden. Mir schien es für Athens Kunstblüthe immer sehr bezeichnend zu sein, daß zu derselben Zeit, als die Tempel ganze Museen voll der herrlichsten und kostbarsten Kunstwerke waren, die Wohnhäuser in der Stadt unansehnlich und ärmlich dastanden; die griechische Kunst würde schwerlich ihren

3

hohen und reinen Stil erreicht haben, wenn sie früher angefangen hätte, dem Einzelleben mit seinen Forderungen eines immerhin edlen Luxus zu dienen. Denn auch die Grabdenkmäler der Blüthezeit sind äußerlich höchst anspruchslos, eine schlichte Marmorplatte von einem kleinen Giebel oder einer feinen Palmette bekrönt, ist der Träger jener lieblichen, grade durch ihre Anspruchslosigkeit so tief wirkenden Reliefs. Erst am Schluß dieser Zeit erstand jenes glänzende Grabmal, von dem alle späteren ähnlichen Bauten den Namen der Mausoleen tragen.

Wenn es nun als schön und wünschenswerth erkannt würde, daß der Kirchhof zu einer Stätte ernster und edler Kunst würde, so würde es sich weiter fragen, von welcher Art der bildnerische Schmuck sein müßte.

Alle specifisch heidnischen Gedanken und Vorstellungen möchte ich von unsern Kirchhöfen fern gehalten wissen, nicht aber diejenigen von den Heiden erfundenen Symbole, die zu allen Zeiten schön und sinnvoll sind. Die Darstellung von Gatte und Gattin mit ineinandergelegten Händen findet sich auch in der altchristlichen Zeit, und ist noch von Rauch für Niebuhr's Grab auf dem Kirchhof in Bonn ausgeführt; der Löwe, das Sinnbild tapfer gefallener Krieger, schmückt auch Scharnhorst's Grab auf dem Invaliden=Kirchhof. Auch die Darstellung des Verstorbenen als einer sanft in zwangloser Haltung schlummernden Ge=stalt, tritt zwar zuerst auf den römischen Sarkophagen auf, sie ist aber auch mit unseren Anschauungen nicht unverträglich; wir können ferner unbedenklich die trauernden innigen Familiengruppen, ja auch gewisse, die Thätigkeit des Verstorbenen bezeichnende Bilder auf unsere Grabsteine herübernehmen, wenn wir nur zugleich dem Grundgedanken, der das christliche Grab, wie wir sahen, vom heidnischen unterscheidet, Ausdruck zu geben verstehen. Nehmen wir uns ein Beispiel an den naiven Meistern des Mittelalters. An den Chorstühlen im Ulmer Münster sind Pythagoras, Ci=cero, Seneka und andere Heiden in die Gesellschaft der Propheten und Apostel aufgenommen; das Heiden=thum wird in seinen edelsten Repräsentanten, ähnlich wie die jüdische Prophetie, als eine Vorbereitung des Christenthums betrachtet, eine Anschauung, die nach meiner Ueberzeugung auch wissenschaftlich begründet werden könnte. So würden auch all die lieblichen

Scenen des natürlichen Lebens auf den griechischen Grabsteinen, zu denen sich das Christenthum eher anziehend als abstoßend verhält, mit christlichen Gedanken in Verbindung gebracht werden können. Dazu käme dann Alles, was auf dem Boden des Christenthums an Grabsymbolen erwachsen ist. Die altchristlichen Zeichen in ihrer schüchternen, bescheidenen Sprache an das stille, verborgene Leben der ersten Christen in den Zeiten der Verfolgung erinnernd, sind doch gültig für alle Zeiten, und würden auch für manches stille Christenleben eine individuelle Beziehung haben. Auch die heilige Geschichte könnte entweder in allgemeinerem Sinn dargestellt werden, wie z. B. auf einem hiesigen Grabrelief, wo Thomas seine Finger in die Seite des Auferstandenen legt, wodurch vermuthlich die Gewißheit der Auferstehung Christi und damit der Auferstehung des im Grabe Ruhenden ausgedrückt werden soll. Oder man könnte, was auch in diesem Fall vielleicht beabsichtigt ist, eine individuelle Beziehung auf das Leben des Verstorbenen hineinlegen, etwa wie Peter Vischer auf dem Grabstein einer Frau die Begegnung Christi mit Maria, der Schwester des Lazarus, dargestellt hat. Aber es ist nicht meine Sache, den Kreis der Möglichkeiten zu erschöpfen, ich erinnere nur an den Campofanto in Pifa, an Fiefole, an die chriftlichen Darftellungen unferer alten deutschen Künftler, als an eine wunderbare Welt ernfter und lieblicher, großartiger und traulicher Darftellungen, aus denen die Künftler auch für den Schmuck einfacher Grabfteine die fruchtbarfte Anregung schöpfen könnten.

In den Formen der Darftellung dürften die Künftler nach meiner Anficht nicht zu fehr antikifiren. Wenn fie herzlich und volksthümlich reden wollen, so müssen fie sich den Sitten und Anschauungen des Vaterlandes anschließen. Die classische Kunft, oder richtiger gesagt, die falsch verftandene classische Kunft hat sogar dahin geführt, daß man chriftliche Kirchen in Form von antiken Tempeln baute, ja sogar direct nach letzteren copirte. Dies ift, so viel ich weiß, zwar nicht in Deutschland geschehen, aber die St. Pancrazius=Kirche in London liefert ein Beispiel. Mir kommt dies so vor, als ob Jemand in fremder Sprache beten wollte, wiewohl es ihm freiftünde, seine Mutterfprache zu gebrauchen. Denn auch in der Kunft giebt es eine Mutterfprache, die um so nothwendiger ist, je ernster und tiefer die Aufgabe. Ich gestehe, daß ich mich schon an öffentlichen, für das ganze Volk bestimmten Profanwerken nicht recht in die antike Ausdrucksweise hinein finden kann, wie z. B. am Piedestal der schönen Statue Scharnhorst's, wo der Aufschwung zum Befreiungskriege unter dem Bilde von Jünglingen dargestellt ist, die Tannen abschlagen, um sich Lanzen daraus zu verfertigen, und weiter die preußischen Krieger mit Lanzen unter der Führung der Minerva in den Kampf stürmen. Ob wohl die alten Krieger jener großen Zeit sich für solche Bilder begeistern können, oder ob sie nicht lieber die wirkliche Geschichte treu und herzlich und anschaulich erzählt vor sich sähen, etwa in der Weise, wie an dem kleineren Relief der Blücherstatue?

Wenn aber die Nachahmung der antiken Kunst schon an den Denkmälern auf der Straße bedenklich ist, wie viel bedenklicher ist sie in der Kirche und am Grabe, wo das tiefste, innerste und eigenste Leben berührt wird. Wo dies Leben kräftig und gesund ist, da wird man ringen und arbeiten nach eignem Ausdruck, wie ein Redner, der in wichtiger Angelegenheit sich eigne ergreifende Wortfügungen und Bildungen schafft. Ich gestehe, selbst die Architectur, die allerdings mit der Sculptur in diesem Falle nicht ganz gleich zu beurtheilen ist, wünsche ich auf den Gräbern lieber deutsch als griechisch, und namentlich Grabmäler von der Art, wie ich eins gesehen zu haben mich erinnere, wo unter einem antiken Tempel auf hohem Postament die Büste des Verstorbenen thront, erregen in mir ganz fremdartige Gedanken, die gewiß nicht beabsichtigt sind, aber doch vielleicht auch Anderen entstehen können. Zwar ist das Mausoleum in Charlottenburg trotz seines griechischen Styles gewiß ein Muster eines ernsten und edlen Grabmals, allein ich zweifle, ob es nicht, wenn es nach dem ursprünglichen Plan in gothischem Styl erbaut wäre, noch tieferen Eindruck machen würde. Vor einigen Jahren ist der Aufsatz Schinkel's veröffentlicht, in welchem er diesen ersten Entwurf motivirt, er habe, sagt er, einen der christlichen Anschauung vom Tode entsprechenden Bau entwerfen wollen, die Architectur des Heidenthums sei in dieser Beziehung ganz bedeutungslos für uns, nur das Mittelalter gebe einen Fingerzeig. Daher sein Versuch, im Anschluß an die Gothik des Mittelalters, einen schönen Palmenhain über dem Ruhelager der Königin zu wölben, einen Ort von lieblicher Feierlichkeit, der jedem zur Erbauung seines Gemüthes offen stehen solle. Ich muß mir weitere Mittheilungen versagen, die wenigen Seiten dieses Aufsatzes sind das Schönste, was ich über Architectur gelesen, und wohl geeignet, den blinden Nachahmern des Alterthums entgegen gehalten zu werden als warnende Stimme eines großen Künstlers, der vom Alterthum, wie wir alle wissen und sehen, nicht gering dachte.

Wie das Mausoleum nach jenem ersten Entwurf aussehen würde, können einige Zeichnungen im Schinkelmuseum und auch die Thurn= und Taxische Grabkapelle in Regensburg veranschaulichen, die nach einem ähnlichen Gedanken gebaut ist.

Ich komme zum Schluß zur Beantwortung eines Einwands, den ich schon lange befürchte, es könnte nemlich scheinen, als ob ich mich in unausführbaren und unpraktischen Gedanken ergehe. Indessen an geeigneten Künstlern fehlt es uns zunächst nicht und ich erlaube mir nur einen zu nennen, den allgemein beliebten L. Richter. Sollte dieser Mann, der das Volksleben nach allen seinen ernsten und heiteren Seiten in so innigen und zugleich anmuthigen Ge=

stalten zu schildern versteht, nicht im Stande sein, für den Grabstein die sinnigsten Entwürfe zu liefern? Ich glaube, er hat bereits einige Bilder gezeichnet, die nur in den Styl des Reliefs übertragen zu werden brauchten, um diesem Zwecke zu entsprechen. Auf einem derselben sehen wir Vater und Mutter trauernd an dem Grabhügel eines Kindes stehen, den ein Schwesterchen und Brüderchen mit Kränzen und Blumen schmücken, über dieser Gruppe aber einen holden Engel mit dem gestorbenen Kind im Schooß. Zwei Verse von Paul Gerhard stehen darunter, der eine das bittre Leid der Trennung von den Kindern beklagend, der andere mit den Worten fortfahrend: „Aber das, was wir beweinen, weiß hiervon ganz lauter nichts" u. s. w. Wäre ein solches Bild nicht ein schöner Schmuck für ein Kindergrab und wäre es demnach so unausführbar, einen Künstler, der so viel Herz für das Volk hat, um eine größere Anzahl von Entwürfen zu bitten? Und diese Entwürfe könnten leicht, wenn es dem Künstler selbst nicht bequem sein sollte, sie gleich im Styl des Reliefs zu zeichnen, von Bildhauern übertragen und modellirt und dann in gebranntem Thon ausgeführt werden. Denn Marmor, wenigstens einen zur Sculptur geeigneten Marmor besitzen wir nicht, und der fremde ist für allgemeinere Verwendung zu theuer. Aber warum wollten wir uns nicht begnügen mit der schlichteren, dafür aber unverwüstlichen Terracotta? Die Künstler hätten unverächtliche Vorgänger auch auf diesem Gebiet, sie könnten sich, um vom Alterthum abzusehen, nach Form und Gedanken jene Fülle lieblicher Terracotten des 15. Jahrhunderts zum Muster nehmen, die über die Städte Toscana's verstreut sind und in der That die höchsten künstlerischen Kräfte zu glücklichem Wetteifer erfordern. Das ist freilich unmöglich, für jeden Todesfall ein individuelles Bild zu haben, ohne mechanische Vervielfältigung eines und desselben Modells ist eine Betheiligung der Mittelclassen, die nur mäßige Summen aufwenden können, undenkbar, allein hieran hat weder das Alterthum noch die christliche Zeit Anstoß genommen, es giebt ja auch viele im Wesentlichen gleichartige Todesfälle, die Bilder könnten danach eingerichtet werden und es müßte ein seltener Zufall sein, wenn auf einem Kirchhof einmal zwei Wiederholungen desselben Modells in unmittelbare Nähe kämen. Ich kann aber versichern, daß solche Terracottareliefs nicht theurer wären, als die zum Theil sehr kostbaren Kreuze auf unsern Kirchhöfen.

Ich bitte um freundliche Nachsicht, daß ich diese historische Erörterung bis auf die Verhältnisse der Gegenwart fortgeführt und einen Wunsch zur Aenderung daran geknüpft habe, den ich Ihrer gütigen Erwägung anheim gebe. Je mehr man sich vertieft in die Schönheit einer vergangenen Welt, um so lebendiger der Wunsch nach einer schönen Gegenwart. Die verflossenen Jahrhunderte haben uns die schöne und wichtige Aufgabe hinterlassen, die Kunst, die dem Volke entfremdet war, wieder als eine wirkende Macht ins Volksleben zurückzuführen. Das Allen Gemeinsame und Ewige, was Aller Herzen rührt und bewegt, das ist der tiefe und reiche und unerschöpfliche Brunnen, aus dem die ächte Kunst schöpft, und das Grab war zu allen Zeiten eine ihrer schönsten Stätten. Wenn es gelingen sollte, edle und volksthümliche Kunst auf den Kirchhöfen wieder einzuführen, so würde diesen Stätten eine größere Anziehungskraft verliehen, die vielleicht auch nach anderen Seiten nicht wirkungslos bliebe. Sinnige Bilder könnten das Andenken bedeutender Todten in lebendigerer Erinnerung halten und überhaupt den Verkehr zwischen den Lebenden und Todten heben. Vor Allem aber gewönnen die Künstler neue bedeutende Aufgaben und die Kunst ein neues Organ zur Ausübung ihres Berufs, welcher nach den Worten eines großen und besonders für das Volk thätigen Meisters unserer Zeit darin besteht, „durch Offenbarung der in der Leiblichkeit niedergelegten göttlichen Geheimnisse Antheil zu nehmen an der Erziehung und Bildung des Menschen."